Zwei antihäresianische Traktate des Melchiten Paulus er-Râhib

Analecta Gorgiana

417

Series Editor
George Anton Kiraz

Analecta Gorgiana is a collection of long essays and short monographs which are consistently cited by modern scholars but previously difficult to find because of their original appearance in obscure publications. Carefully selected by a team of scholars based on their relevance to modern scholarship, these essays can now be fully utilized by scholars and proudly owned by libraries.

Zwei antihäresianische Traktate des Melchiten Paulus er-Râhib

Translation and Introduction by
Joseph Berenbach

gorgias press

2009

Gorgias Press LLC, 180 Centennial Ave., Piscataway, NJ, 08854, USA

www.gorgiaspress.com

Originally published in

2009 ܟܐ

ISBN 978-1-60724-694-7 **ISSN 1935-6854**

Extract from *Oriens Christianus* 5 (1905)

Printed in the United States of America

Zwei antihäresianische Traktate des Melchiten Paulus er-Râhib.

Herausgegeben von

Joseph Berenbach

Von allen christlich-orientalischen Literaturzweigen ist bis zur Gegenwart einer mit Unrecht ziemlich stiefmütterlich bearbeitet worden, nämlich der arabische. Erst in den letzten Jahren begann man seine Augen diesem der Forschung harrenden Gebiete zuzuwenden. Von verschiedenen Editionen abzusehen, möchten wir besonders Dr. Georg Graf's *Die christlich-arabische Literatur bis zur fränkischen Zeit* betitelte Skizze hervorheben (Strassburger theologische Studien VII), worin die christlich-arabische Literatur bis zum Ende des XI Jahrhunderts behandelt wird. Von christlich-arabischen Schriftstellern der folgenden Zeit erregte schon bislange ein gewisser Paulus er-Râhib wenigstens einige Aufmerksamkeit [1]. Was wir über diesen Paulus er-Râhib wissen, ist sehr wenig, und dieses wenige verdanken wir grösstenteils den dürftigen in den Ueberschriften seiner Werke enthaltenen Angaben. Paulus der Mönch heisst er in der Regel, fast durchweg mit dem Zusatze " Bischof von Sidon, der Antiochener „. Ueber seine Person und sein Leben zu berichten, können wir unterlassen und verweisen auf die ziemlich erschöpfende biographische Einleitung des P. Buffat S. J. zu einer in der *Revue de l'Orient chrétien* (Bd. VIII) edierten Schrift unseres Paulus. Indessen sei es uns gestattet, einen dort unserer Ansicht nach unterlaufenen Irrtum richtig zu stellen: P. Buffat redet von einer Romreise des Paulus, während Paulus allerdings von Reisen الى بعض بلاد الافرنج وروميّة d. h. aber wohl nur " nach mehreren abendländischen und byzantinischen Ländern „ berichtet. Denn Steinschneider l. c. citiert eine diesbezügliche Stelle aus der ihm vorliegenden Hs., wo Paulus sagt, er habe den

---

[1] Vergleiche: Steinschneider *Polemische und apologische Literatur in arabischer Sprache zwischen Muslimen, Christen und Juden in Abhandlungen für die Kunde des Morgenlandes. VI.* Leipzig 1878, ausserdem R. O. C. VIII 388 ff., Zeitschrift *al-Mašrîq* (Beirut) Bd. I 840 ff. und IV 961 ff. und 1022 ff.

betr. Brief geschrieben عند قدومه من سفره الى بلاد الروم " nach seiner Rückkehr von seiner Reise in die Länder der Byzantiner „.

Dagegen weisen wir nochmals auf seine Lebenszeit hin, wie es schon Steinschneider, der Pseudonymus " Cyrille de Jérusalem „ und P. Buffat taten. Assemani und nach ihm Angelo Cardinal Mai werden durch den "*humilis* „ — Zusatz zum Namen des Paulus er-Râhib in dem 15 Jahrhundert angehörigen *Cod. Vat. arab. 111,* zn der Annahme verleitet, es hierbei mit einem Autogramm des Paulus zu tun zu haben und verlegen somit unsern Autor ins 15 Jahrhundert. Dagegen bekommen wir über seine tatsächliche Lebenszeit ungefähren Aufschluss durch den Umstand, dass einem seiner apologetischen Briefe ein zeitgenössischer Gegner erstand, in der Person des Taqi ud-Din Abu-l'Abbas Ahmed Ibn Teimijjeh (تيمية) al-Harrani, geb. Rebi' I 661 H, † 20. Dsu 'l qa'da 728 (= 26 September 1328) [1]. Also muss Paulus am Ende des 13, bezw. Anfang des 14 Jahrhunderts, nicht aber im 15 gelebt haben.

Was die Werke des Paulus er-Râhib anlangt, so sind, soweit wir urteilen können, Kopien sämtlicher in der Vatikanischen Bibliothek vorhanden. Dem ungemein gütigen Entgegenkommen zweier Herrn von der Vatikanischen Bibliothek, der hochwürdigsten Herren Monsignor U g o l i n i und N e h m e t a l l a h Auad A s s e m a n i, welchen wir an dieser Stelle unsern besten Dank aussprechen, verdanken wir die Anfänge und Endworte der Schriften,

Das Material ist folgendes:

I. *Cod. Vat. arab. 83,* fol. 126. بسم الله الرحمان الرحيم لبولس الراهب
اسقف صيدا الانطاكي الي بعض اصدقايه الذين بصيدا من المسلمين نفنا الله
بالاعتبار وجعله، ودبـــا لك ولنـــا الي الاستبصار في الاعمال القايدة الي لجنة
والنقذة (sic!) من النار (Inc. fol. 126) اما بعد فانى لما عرفتك ايها الصديق
الشفيـق والاح الشفيق اطال الله فى اتم النعم بقاك وانظر ما عندهم فيه فقد
سالونى ذالك وجعلوني سفيرا والحمد لله رب العالمين (Expl. fol. 135 v°)

Den nämlichen, allerdings oft stark variiërenden Text haben wir: *Codd. Vat. arab. 111,* fol. 35–46 (" humilis „-Zusatz! XV saec.); *112,* fol. 82–115 (kopiert 1543 von Salem ibn David, genannt Karim aus Qara); *147,* fol. 87 sq. (kopiert 1571 von Gregorius, Erzbischof von Haleb); *Bodl. Grev. 3803,* 31 bei U r i *Catalogus codd. mss. bibl. Bodleianae;* Bibliothèque orientale der St. Josefs-Universität

[1] Ueber Ibn Teimijjeh und sein Werk gegen Paulus betitelt: بيان الجواب المسيح لمن بدل دين المسيح cf. S t e i n s c h n e i d e r, 32 sq.

Beirut (ediert von P. L. B u f f a t, S. J. in R. O. C. VIII p. 388 ff. nach einer Kopie des P. Anton Zakhur 1807). Eine etwas ältere Kopie befindet sich im Besitze der Familie Aûrah zu Beirut.

NB.) Wenn das بعض der Ueberschrift dieses Briefes von Assemani (ausgenommen *Codd. Vat. 111*) geradeso, wie auch von Uri l. c. mit *quosdam* übersetzt wird, und Steinschneider a.. a. O. 62 angibt: „einige (oder einen)" entcheiden wir uns für den Singular, also „an einen seiner Freunde", weil in dem Texte des Briefes selbst die Anrede in diesem Numerus steht.

II. *Cod. Vat. arab. 111,* fol. 2. بسم الاب والابن والروح القدس الموحد جوهره المثلثة اقانيمه . رسالة مختصرة عقلية انشاها بولص الراهب اسقف صيدا الانطاكي هي اثنان وعشرين بابًا .

Hier folgt die Angabe der einzelnen Kapitelüberschriften (Vgl. dieselben u. a. bei A s s e m a n i, *Bibl. or.* II 511. oder U r i a. a. O. andere bei S t e i n s c h n e i d e r 61).

Inc. fol. 3 الحمد لله الحي الازلي الحكيم القادر المقتدر الحليم . ... اما بعد فاني لما ابتدأت باثابات ابواب تشتمل على معانٍ مختلفة ولذلك وجب عليه العقاب الذي ليس له انقضاء كما وجب للصالح السالك (Expl. fol. 20) الطريق المستقيم بعدل الباري النياح الذى ليس له انتهاء وبالله الاب والابن والروح القدس الاله الموحد بالذات المثلثة بالصفات يليق التسبيح والمجد والشكر والحمد من الان والى دهر الدهرين . امين .

Den gleichen Text, allerdings mit Variationen enthalten: *Codd. Vat. arab. 112,* fol. 1–45; 147, fol. 21–58; *Bodl. 1) Hunt. 275* bei U r i 42 und daraus eine Abschrift Wild's *Cod. Bodl. 426* bei N i c o l l 28 cod. 25; *2) Grav. 3803* cf. U r i 51, 3. Eine etwas abweichende Ueberschrift (رسالة عقلية انشاها بولص الراهب والقديس الفاضل الكامل اسقف صيدا الانطاكي) zeigt eine Kopie dieses Textes vom Jahre 1756 p. Chr. der Universitätsbibliothek zu Upsala *Cod. arab. 489,* fol. 60 ff. Vgl. Katalog der Hss. von Upsala von T o r n b e r g (Nach S t e i n s c h n e i d e r 61); *Bibliothèque nationale* zu Paris: *fonds arabe: cod. 165,* fol. 390–409 (*Suppl.* 77) datiert *anno mundi* 7144 bei d e S l a n e 40.

Veröffentlicht wurde diese Schrift durch die Beiruter Zeitschrift *al-Mašriq* (1901).

III. *Cod. Vat. arab. 111,* fol. 21–35. (sic!) بسم الله الاب والا بن الروح القدس الاله الموحد جوهره والمثلثه اقانيمه لبولص الراهب المسكين اسقف صيدا

الانطاكي شرح الحال الموجب للامم على اختلاف السنتها وتشاسع بلدانهـــا الدخول مع اليهود فى دين النصرانية طوعا ۞

(Inc. fol. 21 r°) اما بعد فانى لما كنا معشر الضاري فى الكفر بالله العظيم منهمكين وعما يهواه معرضين

(Expl. fol. 35 r°) وان الكل واحد بالرب يسوع المسيح فتعمدنا وتقربنا وتبعنا اوامر الرسل الاطهار وسررنا بما انعم الله به علينا وشكرنا احسانه الينا وانعامه لدينا الذى له المجد والوقار مع ابنه السيد يسوع المسيح وروح قدسه من الان والى دهر الدهرين . امين .

Den gleichen Text (mit Varianten) finden wir: *Codd. Vat. arab. 112,* fol. 46–65 (mit sehr variierendem Schlussteile); *147,* fol. 59 ff. (Steinschneider 63).

IV. *Cod. Vat. arab. 111,* fol. 46–55. بسم الاب والابن والروح القدس الاله الموحد جوهره المثلثة اقانيمه لبولص الراهب اسقف صيدا الانطاكي قول يدل على الفرق المتعارفة من النصارى فى هذا الزمان ويوضح راي كل فرقة منهم ويبين الخلف بينهم والرد على معتقدي الخطا منهم .

(Inc. fol. 46 r°) اما بعد فانى لما تاملت الخلف الذى من النصارى رايت ان اشرح ما تراه كل فرقة منهم

(Expl. fol. 55 r°) ويثبت المحبة الروحانية بين اولادهـــا . فان به يليق المجـــد والاكرام والسبح والوقار من الان والى دهر الدهرين امين . والتسبيح للثالوث المقدس ابدًا . امين .

Handschriften des nämlichen Textes finden sich: codd. *Vat. arab. 112,* fol. 116–138; *147, 4; Paris cod. 258,* fol. 97. Veröffentlicht zum ersten Male von einem Pseudonymus "Cyrille de Jérusalem" mit Einleitung und Anmerkungen in arabischer Sprache; Druck und Verlag von Eliah Zayath in Alexandrien. Nach welcher Hs. die Publikation geschah, konnten wir bislange nicht feststellen.

V. *Cod. Vat. arab. 111,* fol. 55 f.

بسم الاب والابن والروح القدس الاله الموحد جوهره المثلثة اقانيمه لبولص الراهب السقف صيدا الانطاكي لما ارساله الشيخ ابو السرور التنيسي الرقام ان يشرح له شرحًا مختصرًا فى راي النصارى فى التوحيد والاتحاد .

(Inc. 55 r°) اما بعد فانا معشر النصارى نعتقد فى الله تقدست اسماوه

(Expl. 56 v°) والحمد لله ما انعم علينا من المعرفة بتوحيد جوهره وتثليث اقانيمه التى هى الاب والابن والروح القدس له المجد والقدرة والتسبحة والكرامة من الان والى دهر الدهرين . امين .

Andere Handschriften hievon sind:

Codd. *Vat. arab. 112,* fol. 138–143 (Vgl. Steinschneider 62); 147, 7 Paris: 258, fol. 104. Veröffentlicht im Jahrgang 1898 des Beiruter " al-Mašrîq ".

VI. *Cod. Vat. arab. 111* inc. fol. 59:

هذا لايمانة الارثدكسية تضاد كل امانة ارسيسية . قال الله في سليمن لا تميل الى اليمين ولا الى الشمال .

(Expl. fol. 65) قيمة لم يمكن ان تقدر ولا توصف فله السبح والمجد ⟨و⟩الكرامة والسجود من الان وكل اوان والى دهر الدهرين .

Gleiche Texte zeigen *Codd. Vat. arab. 112,* fol. 161–178; *141,* fol. 68 sq. (Bei letzterm Texte zeigen sich schon in den Anfangs- und Endworten grosse Abweichungen von der obigen Stelle).

VII. *Cod. Vat. 112,* fol. 143.

وايضــًا رسالة (?) لبولص الاب القديس اسقف صيدا الانطاكي رد على الشيخ

اما بعد فاني نظرت فيما قاله الشيخ اطال الله بقاءه في الرسالة

(Expl. pag. 147) فلله الحمد المؤتي من الضرة ماءً ومن الضرة صماءً ومن العود اليابس ثمرًا له الحمد والشكر دائمًا . امين .

Ausserdem noch *cod. Vat. àrab.* 147, 8.

VIII. *Cod. Vat. 112,* fol. 147.

ولبولص ايضًا اسقف صيدا الانطاكي رد على الشيخ لما بلغني ما حكاه عن السيد المسيح انه يذكر عنه انه الميت وفتح عيني الاكمه

(Expl. fol. 151) من خواص (?) والعوام وبالله يليق المجد والاكرام من الان والى ابد الابدين . امين .

Ausserdem noch *cod. Vat. arab. 147,* 9.

IX. *Cod. Vat. arab. 112,* fol. 151.

(Inc. fol. 151 v°) وله ايضًا رد على الشيخ المقدم ذكره لما نامن (?) ما يراه الشيخ اطال الله بقاءه من الله تعالى خلق اقوامًا باعيانهم للجنة وخلق اقواما باغيانهم للنار

(Expl. fol. 161) وجاد علينا برحمته وخلدنا جنته فان به يليق المجد والاكرام والتشكر والاعظام الى اباد الدهور كلها .

Das Gleiche in cod. *Vat. arab. 147,* 10.

Abgesehen von den hier angeführten Texten von Werken des Paulus er-Râhib liegen uns noch mehrere leider nicht arabische

Aufschriften vor. Eine Vergleichung der Hs dieser mit den obigen dürfte allerdings die Identität der einen oder andern der folgenden Schriften mit einer der oben citierten ergeben. Wir lassen sie folgen:

a) *Pauli Sidoniensis episcopi Oratio pronunciata occasione Iudaeorum quorumdam, qui religionem Christianam amplexi sunt.*

Schon Steinschneider 63 weist auf die Möglichkeit einer Identität mit der oben als III bezeichneten Schrift hin. Die betreffende Hs. ist *Paris 156, 4* (Steinschneider); Vgl. Upsala 489, fol. 48 (?)

b) *Profession de foi rédigée par Paul d'Antioche, afin d'être opposée à toutes les professions de foi hérétiques.*

Paris 258, fol. 105 (de Slane). Wir haben es hier wohl mit dem unter VI aufgeführten Stück zu tun.

c) *Chapitre sur la réalité du voyage des Mages à Bethléem.*
Ebenda fol. 111.

d) *Traité de Paul d'Antioche sur la ligne de conduite* (السياسات) *que les hommes croient être agréable à Dieu, et qui, en réalité, provoque sa colère.*

Ebenda, fol. 114 v°.

e) *Courte exposition de la doctrine chrétienne au sujet de l'Unité et de la Trinité de Dieu. L'auteur de ce traité est Paul d'Antioche.*

Paris 165, pag. 410; dasselbe bei Rieu *Supplement of the arabien manuscripts of the British Museum.*

f) *Paris 214,* fol. 220 enthält ebenfalls eine “Profession de foi„ (اعتقاد لامانة) ohne Angabe des Verfassers; sie ist nach einem 1566 in Rom gedruckten Texte kopiert. Der Zeilenzahl (24 fol. à 10 Linien) nach könnte des Werkchen wohl mit dem unter b) angeführten identisch sein.

Wenn Uri 34 als Notiz über des Reschid Abu'l-Cheir, genannt Ibn aṭ-Ṭajjib, des Presbyters, Schrift: ترياق العقول فى علم الاصــول (Theriak der Geister über die Wissenschaft der religiösen Grundlehren), einer zweiteiligen Dogmatik, schreibt: “*Tr. I in Muhammedanos directus, cui Sanctorum praemittitur Calendarium secundum menses Copticos, nomen Pauli Episcopi Sidoniensis prae se fert*„, so ist das wahrscheimlich die Folge eines Jrrtums, durch welchen der Aegypter Paul von Sa'id mit dem ungleich bekannteren Paul von Saida (Sidon) verwechselt wird.

Aus den uns vorliegenden, lediglich nach den Numern der Codices aneinander gereihten Schriften des Paulus, haben wir die beiden antihaeretischen (IV u. VI) zur Veröffentlichung bestimmt.

1) Der Traktat über die christlichen Sekten.

Interesse bietet in der hier zunächst gedruckten N°. IV vor allem der erbrachte Beweis von der Häresie der Maroniten gegen Ende des 13 resp. Anfang des 14 Jahrhunderts. Die Mehrzahl der Maroniten protestiert zwar bekanntlich dagegen, dass ihr Volk jemals einer Häresie angehangen habe. Nun ist es aber historisch beglaubigte Tatsache, dass unter dem Bischofe Aimerich von Antiochia 40000 Maroniten sich von dem seit längerer Zeit unter ihnen herrschenden Monotheletismus lossagten und der römischen Kirche anschlossen. Doch schlichen sich bald wieder monotheletische Ideen ein, und am Ende des 13 Jahrhunderts musste der maronitische Patriarch Johann II von Antiocheia als Anhänger dieser Irrlehre abgesetzt werden. Gerade in diese Zeit fällt die schriftstellerische Tätigkeit unseres Paulus; und wenn er die Maroniten des Monotheletismus beschul-

بسم الاب والابن والروح القدس

الاله[1] الموحد جوهره المثلثة اقانيمه ۞

لبولص[2] الراهب اسقف صيدا الانطاكي قول يدل على الفرق المتعارفة من النصارى في هذا الزمان ويوضح راي كل فرقة منهم ويبين الخلف بينهم[3] والرد على معتقدى الخطا منهم ۞

اما بعد فاني لما تاملت الخلف الذي بين النصارى رايت ان اشرح ما تراه كل فرقة منهم واوضح الخلف بينهم والرد على المخالفين منهم بشرح مختصر ليسهل على من ينظر فيه ۞

---

[1] B om. الاله — [2] B بولس — [3] A نوضح راى كل فرقة منهم. ونبين ما الخلف بينهم.

digt, hat er ohne Zweifel die durch das Wiederaufleben dieser Häresie bei den Maroniten geschaffenen religiösen Verhältnisse im Auge.

Was die Sprache in diesem Werke des Paulus anlangt, so ist sie ein für die Schreibweise christlicher Autoren elegantes Arabisch zu nennen.

Wie bereits oben erwähnt, ist der Text schon einmal gedruckt. Diese im abendländischen Buchhandel kaum erhältliche [1] Ausgabe zeigt aber wohl in Folge der Zugrundelegung einer sehr schlechten Hs. einen derartig wenig guten, oft durch Auslassungen u. s. w. das Verständnis störenden Text, dass uns eine einigermassen kritische zweite Publikation nach einer, wie es scheint, vorzüglichen römischen Hs. sehr wohl am Platze schien.

Die gebrauchten Abkürzungen sind:

A. = Text des cod. *Vatic. 111,* fol. 46 sq.

B. = Text der Publikation des "Cyrille de Jérusalem".

Fehlende diakritische Punkte wurden stillschweigend ergänzt.

Im Namen des Vaters, des Sohnes und des Heiligen Geistes, des an Substanz einen und dreipersönlichen Gottes.

Von Paulus, dem Mönch, Bischof von Sidon, dem Antiochener, ein Traktat, der hinweist auf die zu dieser Zeit bekannten christlichen Sekten, die Lehrmeinung einer jeden darstellt, den Unterschied zwischen ihnen und die Widerlegung derjenigen unter ihnen klar werden lässt, welche sich zu Sündhaftem bekennen.

Wenn ich praemissis praemittendis den Unterschied erwäge, welcher unter den Christen besteht, so scheint es mir gut, zur Erleichterung des Lesers in einem kurzen Exposé die Lehrmeinung einer jeden ihrer Sekten zu exponieren und den Unterschied zwischen ihnen und die Widerlegung der Dissidenten unter ihnen darzustellen.

[1] Die bekannte Buchhandlung in Kairo Diemer's Nachfolger (Finck und Baylaender) stellte durch ihren Vertreter in Alexandria wochenlange Nachforschungen an, aber es gelang weder das Werk, noch dessen Drucker bezw. Verleger aufzuspüren, trotz des Vermerkes auf der Titelseite: *Se vend chez Elie Zayath à Alexandrie.* Das von uns benützte Exemplar des Druckes wurde Herrn Dr. A. Baumstark in Jerusalem durch einen Priester der griechisch-melchitischen Kirche geschenkt.

واقول مستمد العون والتوفيق من الله تعالى ان فرق النصارى في وقتنا هذا اربع فرق . وذلك ملكية ونسطورية ويعاقبة وموارنة وهذه الاربع فرق فلا خلف بينهم[1] في ان الله تعالى واحد بالذات مثلث الصفات التي يسمونها اقانيماً[2] وهي آب وابن والروح القدس . وأن الله تعالى في اخر الزمان ارسل كلمته يعنوا[3] نطقه الذي هو ابنه المولود منه قبل كل[4] الدهور من غير انفصال منه ولا تجزي[5] كما يرسل الانسان كلمته[6] الى من يسمعها من غير انفصال من العقل الوالد لها . وكما يرسل قرص الشمس للضو[7] المولود منه على الارض من غير انفصال بين القرص الوالد للضو . فتجسد من الروح القدس[8] ومن السيدة[9] مارتمريم[10] العذرى[11] بلا مباضعة رجل بل ببشارة ملاك الله لها . وولد منها بلا فساد دخل على عذرتها لانه حفظ[12] العذرة[13] كما حفظ العليقة التي رآها موسى النبي تتقد ولا تحترق . وليس يختلفون الا في السيد المسيح المولود من السيدة مارتمريم[14] وجميعهم متمسكون بالامانة البهية التى وضعها الاباء القديسون الثلثماية وثمانية عشرة[15] في المجمع الاول في مدينة[16] نيقية الذي اجتمع في ايام قسطنطين الملك الكبير بن[17] هلانة[18] الملكة على اريوس الملحد ۞

واذ ذكرت الامانة فيجب ان اشرحها لتكون دليلا يستدل منها على

---

[1] B om. بينهم — [2] B اقا نيم — [3] B حكمته يعنون — [4] A om. كل — [5] B تجزؤ — [6] B كلمته الانسان — [7] A الحرارة — [8] A روح القدس — [9] A om. السيدة — [10] B مرتمريم — [11] B العذراء — [12] A حفص — [13] B العذراء — [14] B مرتمريم — [15] B عشر — [16] A بمدينة — [17] B ابن — [18] B هيلانة

Ich sage nun, indem ich Beistand und Hilfe von Gott, dem Erhabenen, erbitte, dass es zu dieser unserer Zeit vier christliche Sekten gibt, nämlich Melchiten, Nestorianer, Jakobiten und Maroniten. Zwischen diesen vier Sekten besteht keine Meinungsverschiedenheit darüber, dass Gott dem Wesen nach einer, aber dreifach ist inbezug auf die Qualitäten, welche man Personen nennt, nämlich Vater, Sohn und Heiliger Geist. Und dass Gott, der Erhabene, am Ende der Zeit seinen Logos, zu verstehen: sein Wort, das sein vor allen Aeonen aus ihm geborener Sohn ist, gesandt hat, ohne dass derselbe sich von ihm getrennt hätte oder eine Teilung eingetreten wäre, wie der Mensch sein Wort zu demjenigen, welcher es hört, entsendet, ohne dass es sich von der es erzeugenden Vernunft trennte [1], und wie die Sonnenscheibe die von ihr erzeugten Strahlen auf die Erde sendet, ohne dass eine Trennung einträte zwischen der erzeugenden Scheibe und den Strahlen, dass (der Sohn Gottes so) sich inkarnierte aus dem Heiligen Geiste und der L. Frau St. Maria, der Jungfrau, ohne Mitwirkung eines Mannes, sondern vermöge der Botschaft des Engels Gottes an sie, dass er geboren wurde, ohne dass eine Zerstörung ihrer Jungfräulichkeit eingetreten wäre, weil er die Jungfräulichkeit (Marias) bewahrte, wie er den Dornbusch bewahrte, welchen der Prophet Moses brennen und nicht verbrennen sah. Sie sind verschiedener Meinung nur über Christus, den Herrn, den von der L. Frau St. Maria geborenen, und insgesamt halten sie an dem lautern Glaubensbekenntnis fest, welches die 318 heiligen Väter auf dem ersten Konzil in Nicäa aufstellten, das sich in den Tagen Kaiser Konstantins des Grossen, des Sohnes der Kaiserin Helena, gegen Arius, den Ketzer, versammelte.

Weil ich aber des Glaubensbekenntisses gedacht habe, wird es notwendig sein, dass ich es wörtlich zitiere, damit

[1] Wie die Väter des öfteren, so benützt auch Paulus er-Rahib gerne diesen Vergleich für das gegenseitige Verhältnis des Vaters zum Sohne. Cf. R. O. C. VIII 404, Anmk. 1.

اي الفرق متعلقة بالراي القويم والاعتقاد المستقيم . وهى اومن باله واحد اب ماسك[1] الـكل[2] خالق السماء والارض ما[3] يرى وما لا يرى وبرب واحد ايسوع المسيح بن[4] الله الوحيد المولود من الاب قبل كل الدهور . نور من نور . اله حق من اله حق . مولود غير مخلوق مساو للاب في الجوهر الذي به خلق كلا[5] . الذي من اجلنـا نحن البشر ومن اجـل خلاصنا نزل من السماء وتجسد من الروح القدس ومن مريم العذري[6]. وتانس وصلب عنا على عهد بلاطس[7] البنطى . تالم ودفن[8] وقام في اليوم الثالث كما هـو مكتون[9]. وصعد الى السموات[10] وجلس عن يمين الاب وايضاً يأتي بمجده يدين[11] الاحياء والاموات الذي ليس لملكه نهاية[12] وبالروح القدس الرب المحي الذى من الاب ينبثق[13] الذي هو[14] مع الاب والابن يسجد[15] له ويمجد[16]. الناطق بالانبياء فى[17] كنيسة واحدة جماعية[18] مقدسة[19] رسولية واعـترف[20] بمعمودية واحدة لمغفرة الخطايا واترجا[21] قيامـة الموتى وحياة[22] الدهر المونف[23]. امين ۞

واذ قد[24] شرحت الامانة التى لاخلف فيها بين هذه الاربع فرق[25] التى في زماننا هذا في شى منها اوضح ما تعتقده الملكية واقول ان الملكية

---

[1] B ضابط — [2] A om. الـكل — [3] B كل ما — [4] B ابن — [5] B كان كل شي — [6] B العذراء — [7] B بيلاطس — [8] B وقبر — [9] B على ما هو فى الكتب. A lege: مكتوب — [10] B السماء — [11] B بمجد ليدين — [12] B لا فناء لملكه — [13] B المنبثق من الاب — [14] A om. هو — [15] B مسجـود — [16] B وممجد — [17] B وبكنيسة — [18] B جامعة — [19] A om. مقدسة — [20] B ونعترف — [21] B ونترجى — [22] B والحيوة — [23] B العتيد فى الدهر — [24] B om. قد — [25] B الفرق

es eine Art Wegweiser sei, man nämlich durch dasselbe darauf hingewiesen werde, welche Sekte der soliden Lehrmeinung und dem richtigen Bekenntnis anhange. Es lautet: « Ich glaube an *einen* Gott, einen Vater, den Allmächtigen, den Schöpfer des Himmels und der Erde, alles Sichtbaren und Unsichtbaren, und an einen Herrn Jesus Christus, den einzigen Sohn Gottes, aus dem Vater vor allen Aeonen geboren, Licht vom Lichte, wahrer Gott vom wahren Gotte, erzeugt, nicht erschaffen, dem Vater gleich in der Substanz, durch welchen er alles erschaffen hat [1], der um unseretwillen, des Menschengeschlechts, und um unseres Heiles willen vom Himmel herabstieg und sich inkarnierte aus dem Heiligen Geiste und Maria, der Jungfrau, und Mensch wurde, für uns gekreuzigt wurde zur Zeit des Pontius Pilatus, gelitten hat und begraben wurde, am dritten Tage, wie es geschrieben steht, auferstand, zu den Himmeln auffuhr, und sich zur Rechten des Vaters setzte, und wieder in Herrlichkeit kommen wird, die Lebenden und Toten zu richten, dessen Herrschaft kein Ende hat, und an den Heiligen Geist, den Herrn, den Lebendigmacher, welcher vom Vater ausgeht, welcher mit dem Vater und dem Sohne angebetet und verherrlicht wird, den durch die Propheten in der *einen*, katholischen, heiligen, apostolischen Kirche Redenden, und ich bekenne *eine* Taufe zur Vergebung der Sünden, und ich erwarte die Auferstehung der Toten und das Leben im neubevorstehenden Aeon. Amen ».

Nachdem ich nun das Glaubensbekenntnis wörtlich zitiert habe, bezüglich dessen an keinem Punkte eine Meinungsverschiedenheit zwischen diesen vier Sekten dieser unserer Zeit besteht, stelle ich dar, wozu sich die Melchiten bekennen. Ich sage nämlich, dass sich die Melchiten dazu bekennen,

---

[1] خَلَقَ vokalisiert die Handschrift ausdrücklich.

يعتقدون ان السيد المسيح المولود من السيدة مـارتمريم[1] قنوم[2] واحد الهى وهو المولود من الاب قبل كل الدهور وانه طبيعتـان طبيعة الهية وطبيعـة بشرية وفعلان فعل الهي وفعل يشري ومشيئـتان مشيئة الهية ومشيئة بشرية . وان السيدة مارتمريم[3] والدة اله[4] بقولهم اقنوم واحد الهي ۞

وامـا النسطور فيعتقدون انه قنومـان قنوم الهي وقنوم بشري . وطبيعتان طبيعة الهية وطبيعة بشرية وفعل واحد ومشيئة واحدة الهية وان مارتمريم[5] ليست[6] والدة الاله ۞ واما اليعاقبة فيعتقدون قنوماً واحداً الهياً وطبيعة واحدة الهية وفعلاً واحداً الهياً ومشيئة واحدة[7] الهية[8] ۞ واما الموارنة فيعتقدون انه قنوم[9] واحد الهي وطبيعتـان طبيعة الهية وطبيعة بشرية . وفعل واحد الهي ومشيئة واحدة الهية ۞

فاما احتجاج الملكية الذي انا الحقير احدهم عن قولهم قنوماً واحداً وطبيعتين ومشيئـتين فقالوا انا لما[10] راينا السيد المسيح محبولا به مولودا مختوناً بالثمانية[11] ايام . ذا جسم يحد بالطول والعرض[12] والعمق . قابلاً للزيادة والنمو . يلزمه حد الانسان الذي هو حي ناطق ميت . معمداً[13] من يوحنا المعمدان يا كل ويشرب . قابلاً للاعراض . مصلوباً متألماً[14] ومدفوناً[15] علمنا ان هذه الافعال

---

[1] B مرتمريم — [2] B اقنوم — [3] A et B مرتمريم — [4] B الاله — [5] A et B مرتمريم — [6] B ليست — [7] B om. واحدة — [8] A hat Nominativ. — [9] A (sic) انه قنوماً واحد — [10] B om. لما — [11] B لثمانية — [12] B om. والعرض — [13] A معمد — [14] B ومتـاً — [15] B om. ومادقوناً

dass Christus, der Herr, der von der L. Frau St. Maria Geborene, *eine* göttliche Person ist, nämlich die aus dem Vater vor allen Aeonen geborene, dass er aber aus zwei Naturen besteht, einer göttlichen und einer menschlich-fleischlichen, und dass er zwei Energien besitzt, eine göttliche und eine menschlich-fleischliche, und zwei Willen, einen göttlichen und einen menschlich-fleischlichen, und dass vermöge ihres Ausdrucks: « *Eine* göttliche Person » die L. Frau St. Maria Gottesgebärerin ist.

Was die Nestorianer betrifft, so bekennen sie sich dazu, dass er aus zwei Personen bestehe, einer göttlichen und einer menschlich-fleischlichen, und aus zwei Naturen, einer göttlichen und einer menschlich-fleischlichen, aber nur *eine* Energie und *einen* göttlichen Willen besitze, und dass St. Maria nicht Gottesgebärerin sei. Was die Jakobiten betrifft, so bekennen sie sich zu *einer* göttlichen Person, *einer* göttlichen Natur, *einer* göttlichen Energie und *einem* göttlichen Willen. Was die Maroniten betrifft, so bekennen sie sich dazu, dass er eine göttliche Person ist, aus zwei Naturen, einer göttlichen und einer menschlich-fleischlichen besteht, aber nur *eine* göttliche Energie und *einen* göttlichen Willen besitze.

Was nun die Argumentation der Melchiten, deren einer ich, der Geringe, bin, auf Grund ihres Ausdruckes betrifft: « *Eine* Person und zwei Naturen und zwei Willen », so sagen sie: Wenn wir sehen, dass Christus, der Herr, empfangen,. geboren, am achten Tage beschnitten wird, einen nach Länge, Umfang und Breite räumlich begrenzten Leib hat, des Wachstums und der Vergrösserung fähig ist, so dass auf ihn die Definition des Menschen passt: « Lebend, vernünftig, sterblich », dass er von Johannes dem Täufer getauft wird, isst und trinkt, fähig ist, Akzidentien unterworfen zu sein, gekreuzigt wird und leidet, so wissen wir, dass diese Tätigkeiten menschlich-fleischliche Tätigkeiten sind, weil

افعال بشرية[1] [لان الطبيعة الالهية تعلو من[2] جميع ما ذكرنا فاعتقدنا فعلاً بشرياً][3]. ثم لما راينا[4] محبولا به من غير مباضعة رجل . مولودا من غير فساد عذرة الوالدة[5] الطاهرة . مسجودا[6] له من ملوك فارس . هابطاً عليه في العماد الروح القدس . مقولا عنه من الاب هذا هو[7] ابني الحبيب الذي به سررت له فاطيعوا محولا للماء في العرس بقانا الجليل شراباً[8] : محييا للاموات . منهضاً للمخلعين . منقيا للبرص . مكثرا للقليل . غفارا للخطايا . فاتحا لاعين العميان . عالما بما تجوبه الصدور مشفيا لامراض لا شفاء لها . مظلما للشمس وهو على الصليب . هاتكا لستر الهيكل . منهضا لقوم ممن في القبور . ناهضاً من الاموات لثلثة ايام . صاعدا الى السموات على الغمام . جالساً[9] عن يمين الاب . باعثاً للروح القدس الى التلاميذ في علية صهيون كموعده لهم[10] . وراينا هذه الافعال بامر منه لا بطلبه ولا بسوال مثل الانبياء الذين كانوا[11] اذا سالوا ربما اجيبوا الى ما يطلبوه[12] وربما لا يجابوا[13]. علمنا انها افعال الهية فاعتقدنا فعل الهي[14] لطبيعة الهية[15] لان[16] هذه الافعال تجل عن الطبيعة البشرية ۞

وعلمنا انا ان قلنا انه طبيعة اله[17] وليس طبيعة انسان كان ذلك مخالفاً لما في الامانة البهية من انه نزل من السماء وتجسد من الروح القدس ومن

[1] A hat Acc. — [2] Konjektur. — [3] Fehlt in A. — [4] B رايناه — [5] B om. الوالدة — [6] A مسجود — [7] A om. هُوَ — [8] B خمراً — [9] A جالس — [10] A لَهُ — [11] B om. كانوا — [12] B يسالونه — [13] B يجابون — [14] B فعلاً الهياً — [15] A الالهية — [16] A ان — [17] B الهية

die göttliche Natur über alles, was wir erwähnt haben, erhaben ist. Deshalb bekennen wir uns zu einer menschlich-fleischlichen Energie. Wenn wir alsdann sehen, dass er ohne Mitwirkung eines Mannes empfangen wird, ohne Zerstörung der Jungfräulichkeit der reinen Gebärerin geboren, von den Königen Persiens angebetet, dass bei der Taufe der Heilige Geist auf ihn herabsteigt, dass durch den Vater von ihm gesagt wird: « Dieser ist mein lieber Sohn, an dem ich mein Wohlgefallen habe, auf ihn sollt ihr hören »[1], dass er auf der Hochzeit zu Kana in Galilaea Wasser in Wein verwandelt, die Toten zum Leben erweckt, die Schwachen kräftigt, die Aussätzigen reinigt, den Geringen erhöht, die Sünden vergibt, die Augen der Blinden öffnet, weiss, was ihm die Vornehmen antworten werden, unheilbar Kranke heilt, während er am Kreuze hängt, die Sonne verdunkelt, den Vorhang des Tempels zerreisst, Leute, die in den Gräbern liegen, auferweckt, am dritten Tage von den Toten aufersteht, auf einer lichten Wolke zu den Himmeln auffährt, zur Rechten des Vaters sitzt, seinen Jüngern im Obergemach auf Sion, wie er es ihnen versprochen hatte, den Heiligen Geist schickt, und wenn wir sehen, dass dies alles vermöge eines Befehls von ihm, nicht auf seine Bitte oder ein Gebet hin, geschieht, wie bei den Propheten, deren Gebet, wenn sie um etwas beteten, bald erhört wurde, bald nicht erhört wurde, dann wissen wir, dass es göttliche Tätigkeiten sind und bekennen uns zu göttlicher Energie einer göttlichen Natur, weil diese Tätigkeiten die menschlich-fleischliche Natur übersteigen.

Wir wissen ferner, dass wenn wir sagen würden, er habe eine göttliche und keine Menschennatur, dies im Widerspruch stünde mit dem lautern Glaubensbekenntnisse auf Grund des Satzes, dass er « vom Himmel herabstieg und

---

[1] M 3 § 17.

مارتمريم العذري[1] وتانس . ثم نكون قد اطلعنا[2] على طبيعة اللاهوت[3] بما[4] لا يجوز ان يتفوه به من هو ذو لب وعقل . وان قلنا انه[5] طبيعة بشرية وليس طبيعة اله فنكون قد خالفنا ايضاً في الامانة من انه ابن الله الوحيد المولود من الاب قبل كل الدهور ۞

فنظرنا في الانجيل المقدس فوجدنا متى الانجيلي ولوقا ينسبان للسيد المسيح نسبة بشرية ووجدنا مرقس[6] الانجيلي ويوحنا المتكلم فى اللاهوت[7] ينسبان له نسبة الهية[8] ووجدنا السيد المسيح يقول عن ذاته في مواضع عدة انه ابن البشر وفي غيرها يقول انا والاب واحد . من را ني فقد راى الاب . وانا في الاب والاب في . فلما قالت له اليهود انك انسان وتجعل ذاتك الاهـا فقال لهم ان لم افعل افعال ابي والا فلا تومنوا بي ولما قال له بطرس انت هو[9] المسيح بن الله[10] الحى[11] لم[12] ينكر عليه ذلك بل مدحه وقال انه اعلان من الاب[13] ۞

فلما راينا امرين ظاهرين من شخص واحد . وذكرمولدين مولد الهي ومولد بشري من الانجيل المقدس ومن الامانة البهية فنظرنا في

---

[1] B مرتمريم العذراء — [2] B اطلقنا — [3] اللاهوت ist in A nachträglich eingefügt — [4] B ما — [5] In A folgt hier الاه mit dem Versuch, dieses Wort zu verwischen. — [6] B مرقص [7] B باللاهوت — [8] B الاهية — [9] In A ist هُوَ nachträglich eingefügt — [10] B انت هو ابن الله — [11] B om. الحى — [12] B فلم — [13] Hier sind in A fünf Zeilen ausgetilgt. Bei der dritten ausgetilgten Zeile ist noch das auf den Rand geschriebene Wort الحي zu sehen. B fährt ebenfalls weiter mit فلما wie oben.

sich inkarnierte aus dem Heiligen Geist und Maria, der Jungfrau und Mensch wurde ». Alsdann nämlich würden wir über die Natur der Gottheit etwas aussagen, was ein mit Verstand und Vernunft Begabter von ihr nicht behaupten darf. Wenn wir aber sagen würden, dass er eine menschlich-fleischliche und keine Gottesnatur habe, so würden wir wiederum in Widerspruch mit dem Glaubensbekenntnis geraten auf Grund des Satzes, dass er der « einzige Sohn Gottes » ist, « aus dem Vater vor allen Aeonen geboren ».

Wir sehen sodann im heiligen Evangelium nach. Dabei finden wir, dass der Evangelist Matthäus [1] und Lukas [2] die menschlich-fleischliche Abstammung Christi, des Herrn, darstellen, und wir finden, dass der Evangelist Markus [3] und Johannes, der Theologe [4], eine göttliche Abstammung desselben darstellen. Wir finden ferner, dass Christus, der Herr, an einer Reihe von Stellen von sich selbst sagt, dass er der Menschensohn sei, und an anderen sagt: « Ich und der Vater sind eins.» [5], « Wer mich sieht, sieht den Vater » [6], und « ich bin im Vater, und der Vater ist in mir » [7], und dass er, als die Juden ihm sagten: « Siehe du bist ein Mensch, und machst dich selbst zu Gott », ihnen sagt: « Wenn ich die Werke meines Vaters nicht tue, so sollt ihr nicht an mich glauben » [8], und als Petrus zu ihm sagte: « Du bist der Sohn des lebendigen Gottes », er ihn deswegen nicht tadelte, sondern lobte und sagte, dass es eine Offenbarung vom Vater sei [9].

Nachdem wir sodann an *einem* Individuum zweierlei Dinge sich offenbaren und durch das heilige Evangelium und durch das lautere Glaubensbekenntnis zwei Geburten, eine göttliche und eine menschlich-fleischliche, erwähnt werden sahen, sehen wir das Wort Vereinigung an. Dabei finden wir, dass es von drei Arten der Vereinigung gebraucht wird, von welchen eine die reale Vereinigung ist, nämlich

---

[1] M 1 §§ 1-18. — [2] λ 3 §§ 23-38. — [3] μ 1 § 11. — [4] ι 1 § 1. — [5] ι 8 § 30. — [6] ι 14 § 9. — [7] ι 14 § 10. — [8] ι 10 § 37. — [9] M 12 §§ 16-17.

الاتحاد فوجدناه يقال على ثلثة اتحادات[1]. منها اتحاد ظهوري وهو اتحاد النار بالحديد. ومنها اتحاد مجاورة كالزيت والماء[2] في القنديل. ومنها اتحاد ممازجة كالخل والعسل. فنظرنا في هذه الاتحادات فوجدنا الاتحاد الظهوري اقرب الى ما نحن عليه فاحصون. لان النار اذا ما هي[3] اتحدت بالحديد كانت القطعة واحدة جامعة لطبيعتين. فكل طبيعة منها قائمة بذاتها من غير فساد يدخل على الطبيعة الواحدة من الاخرى والقطعة واحدة وليس اثنتين وهي من حيث النار تحرق وتضي ومن حيث الحديد تقبل الشج والقطع والطي من غير وصب يدخل على طبيعة النار اللطيفة مما يدخل على طبيعة الحديد الكثيفة [فعلمنا ان اتحاد طبيعتين السيد المسيح فى قنومه الواحد مشاكل لاتحاد[4] طبيعة النار اللطيفة وطبيعة الحديد الكثيفة][5] في قنوم القطعة الواحدة الجامعة لطبيعتين وفعلين مختلفين. وانه من حيث هو الاه[6] فعل المعجز. ومن حيث هو انسان اظهر العجز. والفعلان للسيد[7] المسيح الواحد. الذي من حيث هو[8] ابن الله اي نطقه المولود منه قبل كل الدهور هو اله قديم ازلي خالق. ومن حيث تجسد من مريم العذري[9] وتانس وتالم هو انسان زمني مخلوق. فتمسكنا بالاتحاد الظهوري الذي هو كالنار والحديد ۞

---

[1] A آتحا — [2] A والخل — [3] B om. هي — [4] Lege: اتحاد — [5] In B fehlt die Stelle فعلمنا bis الكثيفة — [6] B اله — [7] A فللسيد — [8] In A ist هو nachträglich eingefügt — [9] B العذراء

die Vereinigung des Feuers mit dem Eisen, eine andere die lokale, wie diejenige des Oeles und Wassers in der Lampe, eine dritte die Vereinigung der Vermischung, wie diejenige des Essigs und Honigs. Sodann sehen wir diese Vereinigungen an und finden dabei, dass die reale Vereinigung dem Gegenstand unserer Untersuchung am nächsten kommt, weil, wenn das Feuer sich mit dem Eisen vereinigt hat, die Materie eine einzige, zwei Naturen umfassende ist. Dabei beharrt jede Natur in ihrem eigenen Wesen, ohne dass bei der einen Natur infolge der andern eine Zerstörung einträte, und die Materie ist eine und nicht zwei; und soferne sie Feuer ist, brennt und leuchtet sie, sofern sie aber Eisen ist, ist sie fähig zu spalten, zu schneiden, und abzuschneiden, ohne dass bei der feinen Natur des Feuers infolge dessen, was bei der groben Natur des Eisens eintritt, ein Beharren einträte. Daher wissen wir, dass die Vereinigung der zwei Naturen Christi, des Herrn, in seiner Person ähnlich ist der Vereinigung der feinen Natur des Feuers mit der groben Natur des Eisens in der Person der *einen*, zwei verschiedene Naturen und Energien umfassenden Materie, und dass er, soferne er Gott ist, die Wunder wirkt und, sofern er Mensch ist, die Schwachheit bekundet, und dass beide Energien dem *einen* Christus, dem Herrn, zukommen, welcher, soferne er Gottes Sohn oder Wort ist, aus ihm vor allen Aeonen geboren, Gott, uralt, ewig, Schöpfer ist, soferne er aber « sich inkarnierte aus Maria, der Jungfrau, und Mensch wurde » und litt, Mensch, zeitlich, erschaffen ist. Daher halten wir an der realen Vereinigung, wie der des Feuers und des Eisens, fest.

ولما صح لنا الاحتجاج على الطبيعتين والفعلين من وجوه لا يمكن دفعها وذلك من الانجيل المقدس ومن الامانة التي لا يختلف فيها احد من سائر النصارى اجمعين ومن العقل[1] الذي هو كالمحك والمعيار راينا ان نوضح ايضا[2] على القنوم الواحد احتجاجاً بيناً من الانجيل المقدس كايضاحنا قنوم قطعة[3] الحديد الجامعة طبيعتين من المشاهدة فنقول ان السيد المسيح يقول في الانجيل المقدس لتلاميذه الاطهار اذهبوا الى سائر الامم اعمدوهم[4] باسم الاب والابن والروح القدس فعلمنا انا اذا قلنا[5] ان السيد المسيح[6] قنومان لكل طبيعة قنوم كقول النسطورية لم يصح لنا قول السيد المسيح[7] في الانجيل المقدس للتلاميذ اذ تصير الثلثة الاقانيم المامور بالتعمد[8] بها اربعة . وذلك قنوم الاب وقنومى[9] السيد[10] المسيح وقنوم روح[11] القدس . وان تمسكنا باحد قنومي السيد المسيح اللذان يذكرها[12] النسطور ورفضنا الاخر مثلهم فنكون قد حزيناه وقسمناه . وصار تعمدنا وايماننا[13] بنصف السيد[14] المسيح لا بكماله . وهذا الكفر الذي نعوذ بالله منه . فمن هاهنا صح عندنا ان السيد المسيح قنوم واحد وطبيعتان وفعلان[15] ۞

---

[1] B الفعل — [2] B om. ايضا — [3] A القطعة — [4] B وعمدوهم — [5] A ان قلنا — [6] B om. المسيح — [7] A قولنا السيد المسيح . Oder auch قول السيد (A hat beide Wörter ineinander geschrieben). B om. السيد — [8] B بالتعميد — [9] B وقنوما — [10] A zweimal السيد — [11] B الروح — [12] A يذكرهما — [13] B ايمانا — [14] A om. السيد — [15] A وطبيعتين وفعلين

Nachdem wir mit der Argumentation zugunsten der zwei Naturen und zwei Energien auf Grund von Prinzipien in Ordnung sind, deren Bestreitung unzulässig ist, auf Grund nämlich des heiligen Evangeliums und des Glaubensbekenntnisses, bezüglich dessen von den übrigen Christen insgesamt kein Widerspruch erhoben wird, und der Vernunft, welche gewissermassen der Prüfstein und das Mass ist, scheint es uns gut, auf Grund des heiligen Evangeliums zugunsten der *einen* Person eine klare Argumentation darzutun, entsprechend der Darlegung der Person der zwei Naturen umfassenden Materie des (brennenden) Eisens, auf Grund des Augenscheins. Dabei sagen wir, dass Christus, der Herr, im heiligen Evangelium zu seinen Jüngern sagt: « Gehet hin zu den übrigen Völkern und taufet sie im Namen des Vaters und des Sohnes und des Heiligen Geistes »[1]. Nun wissen wir, dass wenn wir sagen würden, dass der Herr aus zwei Personen bestehe, einer Person für jede Natur, wie es die Nestorianer sagen, wir mit dem Wort Christi zu den Jüngern im heiligen Evangelium nicht in Ordnung wären, wenn die drei Personen, auf welche zu taufen befohlen wird, vier würden, die Person des Vaters nämlich, die zwei Personen Christi, des Herrn, und die Person des Heiligen Geistes. Wenn wir aber an der einen der zwei Personen Christi, des Herrn, welche die Nestorianer erwähnen, festhielten, und von der andern gleich ihnen absähen, so würden wir ihn zerteilen und spalten, und unsere Taufe und unser Glaube ginge nur auf die Hälfte Christi, des Herrn, nicht auf den ganzen, dies aber wäre Unglauben, vor dem wir von Gott bewahrt werden mögen. Auf Grund dieser Erwägungen also, gilt es bei uns als in der Ordnung (zu glauben), dass Christus, der Herr, eine Person mit zwei Naturen und zwei Energien ist.

---

[1] M 28 § 19.

فان قال النسطوري اذا كانت الملكية تقول ان المسيح قنوم واحد وهو قنوم الابن الازلي فالشخص المرئي الذي اكل وشرب ودخلت عليه الاعراض وقبل الحدود والزيادة والنمو لم يكن له قنوم . قلنا ان الابن الازلي لم ياخذ من السيدة مارتمريم[1] قنوما[2] بل طبيعة بشرية . وصار قنومه قنوما[3] لها لتكون الطبيعتان الالهية والبشرية قد اتحدتا في قنوم واحد وهو قنوم الابن[4] الازلي . لانه لو كان اتخذ قنوماً بشرياً لما كان الاتحاد وقت البشارة وكان يكون ابنين اثنين ومسيحين وشخصين[5] [فاما المشيتين فهو[6] الاحتجاج عليهما فى الرد على الموارنة وهذا راى الملكية ۞

فاما النسطور فلزموا اتحاد المجاورة وهو الزيت والماء فى القنديل لانهم قالوا ان السيد المسيح قنومان قنوم الهى وقنوم بشري وطبيعتان طبيعة الهية وطبيعة بشرية وفعل واحد الهى ومشية واحدة الهية وهذا القول يوجب اثنين[7] مسيحين وشخصين][8]. ويتضح من قول السيد المسيح للتلاميذ الاطهار عمدوهم باسم الاب والابن والروح القدس . ثم من قول بولص الرسول[9] الذي ذكره في رسالته الى اهل غلاطية وهو لما اتى كمال الزمان ارسل الله ابنه مولوداً من امراة صائرا[10] تحت الناموس

[1] Konjektur statt مريم B مرتمريم — [2] A قنوم — [3] B om. قنوماً — [4] B الاب — [5] B وشخصين ومسيحين — [6] A fügt رد ein, was zu tilgen ist. — [7] Lies: ابنين — [8] Fehlt in B von فاما المشيتين an. — [9] B الرسول بولس — [10] A صائر

Wenn aber die Nestorianer sagen: « Wenn die Melchiten sagen, dass Christus *eine*, nämlich die Person des ewigen Sohnes ist, so ist das sichtbare Individuum, welches ass und trank, bei dem die Akzidentien eintraten, und das die räumlichen Bestimmungen, das Wachstum und die Vergrösserung, erfuhr, unpersönlich », so sagen wir, dass der ewige Sohn aus der L. Frau St. Maria nicht eine Person, sondern eine menschlich-fleischliche Natur annahm, und deren Person wurde, dass es zwei Naturen waren, eine göttliche und eine menschlich-fleischliche, vereinigt in *einer* Person, nämlich der des ewigen Sohnes, weil, wenn er sich mit einer menschlich-fleischlichen Person vereinigt hätte, als zur Zeit der Verkündigung die Vereinigung stattfand, es zwei Söhne und zwei Christus und zwei Individuen wären. Was aber die zwei Willen betrifft, so findet sich die Argumentation zu ihren Gunsten in der Widerlegung der Maroniten. Soweit die Lehrmeinung der Melchiten.

Was aber die Nestorianer betrifft, so sind sie Anhänger der lokalen Vereinigung, nämlich wie des Oeles und Wassers in der Lampe, weil sie sagen, dass Christus, des Herr aus zwei Personen, einer göttlichen und menschlich-fleischlichen und aus zwei Naturen, einer göttlichen und einer menschlich-fleischlichen bestehe, aber nur *eine* göttliche Energie und *einen* göttlichen Willen habe, und dieser Ausdruck führt notwendig zu zwei Söhnen und zwei Christus und zwei Individuen. Das lässt sich dartun auf Grund des Wortes Christi, des Herrn, an seine reinen Jünger: « Taufet sie im Namen des Vaters und des Sohnes und des Heiligen Geistes », alsdann (auch) aus dem Worte des Apostels Paulus in dem Briefe an die Galater, welches lautet: « Als die Fülle der Zeit kam, sandte Gott seinen Sohn, geboren von einem Weibe, unterworfen dem νόμος, damit, wer dem νόμος unterworfen war, befreit würde »[1]. Dies weist nämlich darauf hin, dass

[1] Gal. 4 § 4.

ليشتري الذي تحت الناموس وهـذا يدل على ان الابن الازلي هو ابن الله المولود من السيدة مارتمريم بالطبيعة البشرية الذي بهـا[1] صار تحت الناموس لا بالطبيعة الالهية اذ[2] طبيعة اللاهوت لاتصف[3] بولادة ولا بختانة ولا بمصير تحت الناموس ولا بشي من امور الدنيا[4] ❁

ويتضح ذلك من الامانة ايضاً التي[5] تقول فيها الاباء القديسون وبرب واحد يسوع المسيح ابن الله الوحيد المولود من الاب قبل كل الدهور . الذي من اجلنـا نحن البشر ومن اجل خلاصنا نزل من السماء وتجسد من الروح القدس ومن مارتمريم[6] العذري[7]. وتانس وصلب على عهـد بلاطس[8] البنطي . تالم[9] ودفن فعلمنـا ان قول النسطور قنومين مخالف لما قاله الرسول بولص[10] ولما[11] قالته الاباء القديسون في الامانة البهية اللذان يدلان على ان ابن الله المولود من الاب قبل كل الدهور هو[12] المولود من السيدة مارتمريم[13] لما اتى كمال الزمان الذي ذكره بولص[14] الرسول . وهو المتالم المصلوب المدفون بالطبيعة البشرية . [ومن هاهنا قلنا ان السيدة مريم[15] والدة الاله بالطبيعة البشرية][16] لا بالطبيعة الالهية ❁

واذ قد اوضحنا فساد راى نسطور وما يلزمهم من الغلط بقولهم ان السيد المسيح قنومان وان السيدة مارتمريم[17] ليست والدة له[18] وانه ذو فعل

---

[1] B om. بها — [2] B لان — [3] B توصف — [4] B الامور البشرية — [5] A الذي — [6] B مريم — [7] B العذراء — [8] B بيلاطس — [9] Conjectur aus والم — [10] B بولس الرسول — [11] A كما — [12] B وهو — [13] B مريم — [14] B بولس — [15] Lies: مارتمريم — [16] Fehlt in A — [17] B مرتمريم — [18] B الله

der ewige Sohn, auch der von der L. Frau St. Maria der menschlichen Natur nach geborene Sohn Gottes ist, durch welche er dem νόμος unterworfen war nicht etwa der göttlichen Natur nach, weil bei der Natur der Gottheit von einer Geburt, einer Beschneidung, einem dem νόμος Unterworfensein, oder irgend einem der irdischen Dinge nicht gesprochen werden kann.

Es lässt sich dies ferner wieder auf Grund des Glaubensbekenntnisses dartun, in welchem die heiligen Väter gesagt haben: « Und an einen Herrn Jesus Christus, den einzigen Sohn Gottes, aus dem Vater vor allen Aeonen geboren, der um unseretwillen, des Menschengeschlechts, und um unseres Heiles willen vom Himmel herabstieg und sich inkarnierte aus dem Heiligen Geiste und Maria, der Jungfrau, und Mensch wurde, für uns gekreuzigt wurde zur Zeit des Pontius Pilatus, gelitten hat und begraben wurde ». Wir wissen also, dass der Ausdruck der Nestorianer: « Zwei Personen » im Widerspruch steht mit dem, was der Apostel Paulus sagte und mit dem, was die heiligen Väter im lauteren Glaubensbekenntnis sagten, welche beide darauf hinweisen, dass der aus dem Vater vor allen Aeonen geborene Sohn Gottes auch der, als die vom Apostel Paulus erwähnte Fülle der Zeit gekommen war, von der L. Frau St. Maria Geborene und der menschlich-fleischlichen Natur nach, dem Leiden Unterworfene, Gekreuzigte und Begrabene ist. Auf Grund dieser Erwägungen sagen wir, dass die L. Frau St. Maria Gottesgebärerin ist der menschlich-fleischlichen, nicht der göttlichen Natur nach.

Nachdem wir die Verderbtheit der Lehrmeinung der Nestorianer und die Verirrung dargetan haben, die ihnen zur Last fällt, wenn sie sagen, dass Cristus, der Herr, aus zwei Personen bestehe, dass die L. Frau St. Maria nicht Gottesgebärerin sei, und dass er nur *einen* göttlichen Willen be-

واحد الهي ولو كانوا قد اصابوا في قولهم بطبيعتين فنوضح سوء راي اليعاقبة وما يلزمهم من الغلط بقولهم ان السيد المسيح طبيعة واحدة الهية وفعل واحد الهي ومشيئة واحدة الهية وان كانوا قد اصابوا في قولهم قنوم[1] واحد. ونقول انهم بقولهم طبيعة واحدة الهية يوجبون ان المجبول به المختون الداخل عليه الحدود والاعرض ابن الله المولود من الاب الذي[2] به خلق كلا بالطبيعة الالهية اذ ليس يعترفون بطبيعة الاهية عالية عن الحدود والاعراض. وطبيعة بشرية داخل عليها الحدود والاوصاب. فهم بهذا الراي القبيح يوجبون ان[3] الهم مات ودفن وبقي في المقبرة ثلاثه ايام. ودخل على الطبيعة الالهية الالم. فالنسطور جزوا[4] المسيح وقسموه. واليعاقبة مزجوه امتزاجاً فاسداً بقولهم طبيعة واحدة من طبيعتين. فجعلوه لا الهاً ولا انساناً مثل الخل والعسل اللذين (sic) اذا امتزجا استحال كل واحد منهما عن طبيعته فيكون الخل غير طبيعة خل والعسل غير طبيعة عسل لا تقوم كل واحدة من الطبيعتين بذاتها بل قد صارتا طبيعة ثالثة وهي طبيعة سكنجبيل[5] ۞

---

[1] Lies: بقنوم — [2] In B fehlt die Stelle von الداخل bis الذي — [3] B om. ان — [4] B جزّأوا — [5] B richtiger: سكنجبين

sitze, obgleich sie ganz richtig von zwei Naturen sprechen, wollen wir ferner die Schlechtigkeit der Lehrmeinung der Jakobiten und die Verirrung dartun, welche ihnen zur Last fällt, wenn sie sagen, dass Christus, der Herr, nur *eine* göttliche Natur und *eine* göttliche Energie und *einen* göttlichen Willen besitze, obgleich sie ganz richtig von einer Person sprechen. Wir sagen nämlich, dass sie durch ihren Ausdruck «*eine* göttliche Natur» notwendig dazu geführt werden, dass der Empfangene und Beschnittene, derjenige, bei dem die räumlichen Bestimmungen und Akzidentien eintraten, der aus den Vater geborene Sohn Gottes ist, durch welchen er der göttlichen Natur nach alles erschaffen hat, da sie ja nicht eine göttliche Natur bekennen, erhaben über räumliche Bestimmungen und Akzidentien, und eine menschliche-fleischliche Natur, bei der die räumlichen Bestimmungen und materiellen Vorgänge eintreten. Durch diese schandbare Lehrmeinung aber werden sie notwendig dazu geführt, dass ihr Gott gestorben, begraben worden und drei Tage im Grabe geblieben, und dass bei der göttlichen Natur das Leiden eingetreten. Mithin teilen und spalten die Nestorianer Christus, die Jakobiten aber richten bei ihm eine verderbliche Vermischung an, wenn sie sagen: « *Eine* Natur aus zwei Naturen ». Sie machen ihn nämlich nicht zu einem Gott und nicht zu einem Menschen, nach Art des Essigs und Honigs, von welchen, wenn sie sich vermischen, ein jedes eine Verwandlung seiner Natur erfährt, so dass der Essig eine andere Natur bekommt, als die Natur von Essig, und der Honig eine andere Natur, als die Natur von Honig, indem keine der beiden Naturen ihrem Wesen nach bestehen bleibt, da sie zu einer dritten Natur, nämlich zur Natur des Sakanǵabîl [1] werden.

---

[1] سكنجبين Zusammengesetztes persisches Wort aus سركه acetum und انكبين mel; das Ganze also «oxymel» cf. Freytag II 336. Unsere Schreibung سكنجبيل wird aufgeführt bei Dozy *Supplément aux dictionnaires arabes*, I, 669.

فان[1] قالوا انا انما نقول انه تالم ودخلت عليه الحدود والاعراض بالجسد قلنا اذا كنتم معترفين بجسد فقد لزمكم الاعتراف[2] بطبيعتين طبيعة خالقة وطبيعة[3] مخلوقة. فان كان ذلك يلزمكم[4] ضرورة كما قالته الاباء القديسون في الامانة البهية انه تجسد وتانس وهذا يدل على طبيعتين طبيعة اله قديم ازلي الذي هو ابن الله وطبيعة انسان مخلوقة التي بها كانت ولادة الازلي من السيدة مارتمريم[5]. وعليها دخلت الاعراض وبها كان الجلوس عن يمين الاب الذي ذكره الاباء القديسون حسب ما جاء في الانجيل المقدس. وبها ياتي يدين الاحيا والاموات. فاما[6] الطبيعة الالهية فلم يفارقها من وقت الاتحاد بها في القنوم عند البشارة. وهو الاتحاد الظهوري المقدم ذكره لا في احشاء مرتمريم[7] السيدة ولا في الولادة ولا في الختانة ولا على الصليب ولا في القبر مع الجسم ولا في الجحيم مع النفس ولا في الفردوس مع اللص ولا في الجلوس عن يمين الاب اذ الطبيعة الالهية غير متبعضة ولا متجزئة ولا متالمة ولا منحصرة بل تملا الكل بلا انحصار ولا دخول عرض عليها ۞

ونحن نزيد البيان بياناً والايضاح ايضاحاً. فنقول ان السيد المسيح يقول في الانجيل المقدس للتلاميذ الاطهار بعد قيامته المحيية انا[8] صاعد

[1] B وان — [2] A hat die Stelle الاعــتراف bis بالجسد zweimal. — [3] Hier ist ein Wort getilgt in A. Ueberhaupt scheint der Copist stellenweise zerstreut gewesen zu sein. — [4] B وان كان يلزمكم — [5] B مرتمريم — [6] B واما — [7] B مريم — [8] B انى —

Wenn sie sagen: « Wir sagen nur dem Leibe nach habe er gelitten und seien bei ihm die räumlichen Bestimmungen und Akzidentien eingetreten, » so sagen wir: Wenn ihr einen Leib bekennt, so müsst ihr auch zwei Naturen, eine schöpferische und eine erschaffene bekennen. Denn ihr müsstet dies notwendig nach dem, was die heiligen Väter im lautern Glaubensbekenntnis gesagt haben, dass er nämlich « sich inkarnierte und Mensch wurde ». Dies weist nämlich auf zwei Naturen hin, die Natur eines praeexistenten, ewigen Gottes, welches ist der Sohn Gottes, und die erschaffene Natur eines Menschen, vermöge deren die Geburt des Ewigen aus der L. Frau St. Maria geschah, bei der die Akzidentien eintraten, und vermöge deren das Sitzen zur Rechten des Vaters geschah, dessen die heiligen Väter nach dem im heiligen Evangelium Vorkommenden gedenken, und in der er kommen wird, zu richten die Lebendigen und die Toten. Was aber die göttliche Natur betrifft, so hat sie sich von jener nicht mehr getrennt seit der Zeit ihrer persönlichen Vereinigung mit ihr bei der Verkündigung, nämlich der vorerwähnten realen Vereinigung, weder im Schosse der L. Frau St. Maria, noch bei der Geburt, noch bei der Beschneidung, noch « im Grabe mit dem Leibe », noch « im Hades mit der Seele », noch « im Paradies mit dem Schächer »[1], noch beim Sitzen zur Rechten des Vaters, da die göttliche Natur untrennbar und unteilbar (mit der menschlichen verbunden) aber auch leidensunfähig und unbegrenzbar ist, sondern ohne dass sie begrenzt würde oder Akzidentien bei ihr einträten, das All erfüllt.

Wir fügen noch einen weiteren Beweis und eine weitere Darlegung hinzu. Wir sagen nämlich, dass Christus, der Herr, im heiligen Evangelium nach seiner lebendigmachen-

[1] Zitat eines Troparions: Ἐν τάφῳ σωματικῶς, ἐν ᾅδου δὲ μετὰ ψυχῆς ὡς Θεός, ἐν Παραδείσῳ δὲ μετὰ Λῃστοῦ, καὶ ἐν Θρόνῳ ὑπῆρχες Χριστέ, μετὰ Πατρὸς καὶ Πνεύματος πάντα πληρῶν ὁ ἀπερίγραπτος, das z. B beim Offertorium der griechischen Messe rezitiert wird. Cf. z. B. Λειτουργικόν. Athen (Α. Σ. Τ. Γεωργίου) 1896, p. 44.

الى ابي وابيكم والهي والهكم . وهذا القول يوضح به[1] انه ابوه لانه مولود منه قبل كل الدهور وابوهم بتفضله عليهم واظهارهم من العدم الى الوجود . وبخلقته[2] اياهم حسب ما علمهم الله[3] ان يقولوا اذا صلوا ابانا الذي في السموات . فهو ابوهم على هذه الصفه التي هي[4] ابوه عليها . وقوله الهي والهكم يدل على طبيعة بشرية مخلوقة مثل طبيعتهم . فهو الاههما والاههم . وفي هذا مقنع على الطبيعتين الالهية والبشرية ۞

فان احتج اليعقوبي بقول يوحنا الانجيل[5] المتكلم فى اللاهوت اذ يقول[6] في الانجيل المقدس : والكلمة صار لحماً وسكن فينا اجبناه ان قول الانجيلي وكلمة صار لحما وسكن فينا[7] اراد به انه صار لحماً[8] بالقنوم لا بالطبيعة . لانه لو كان صار بالطبيعة لكان المولود من السيدة مارتمريم[9] الاب والابن والروح القدس اذ ليس اللاهوت ثلث[10] طبائع تتحدا لو احدة وتبقى الاخرى[11] غير متحدتين كالاقانيم . وان كان[12] اليعاقبة والموارنة يوجبون ذلك بقولهم قدوس الله قدوس القوي قدوس الذي لا يموت الذى صلب من اجلنا . فيجعلوا[13] المصلوب الاب والابن

[1] A om. به — [2] B وبخلقه — [3] A om. الله — [4] A هو — [5] Lege: الانجيلي — [6] In B fehlt die Stelle الانجيلي bis يقول — [7] In B fehlt die Stelle اجبناه bis فينا — [8] in A wurde hier لا getilgt. — [9] B مريم — [10] B ثلثة — [11] B الاثنتان — [12] B om. كان — [13] B فيجعلون

den Auferstehung zu seinen reinen Jüngern sagt: « Siehe, ich fahre auf zu meinem Vater und euerm Vater, zu meinem Gott und euerm Gott ». Dieser Ausdruck wird aber dahin erklärt, dass er sein Vater ist, weil er aus ihm vor allen Aeonen geboren ist, und ihr Vater dadurch, dass er sie seiner Gnade würdigte und sie aus dem Nichts ins Dasein rief und sie erschuf nach der Tatsache, dass Gott sie gelehrt hat, wenn sie beteten, zu sprechen: « Vater unser, der du bist in den Himmeln », sodass das Attribut ihr Vater ebenso berechtigt ist, wie das Attribut sein Vater. Der Ausdruck: « Mein Gott und euer Gott » aber weist auf eine erschaffene menschlich-fleischliche Natur, gleich ihrer Natur hin, so dass er deren Gott und ihr Gott ist. Hierin liegt ein Beweis für die zwei Naturen, die göttliche und die menschlich-fleischliche.

Wenn aber die Jakobiten mit dem Ausdruck des Johannes, des über die Gottheit redenden Evangelisten, argumentieren, wenn er im heiligen Evangelium sagt: « Und das Wort ist Fleisch geworden, und hat unter uns gewohnt », so beantworten wir ihn: der Ausdruck des Evangelisten: « Und das Wort ist Fleisch geworden und hat unter uns gewohnt » will damit (ausdrücken), dass er der Person nach, nicht der Natur nach Fleisch wurde, weil, wenn er es der Natur nach geworden wäre, der von der L. Frau St. Maria Geborene der Vater und der Sohn und der Heilige Geist wäre, woferne nicht die Gottheit drei Naturen statt einer umfasst, und zwei wie die Personen unvereinigt blieben. Wenn die Jakobiten und Maroniten dies als notwendig durch ihren Ausdruck zu erweisen suchen: « Heiliger Gott, heiliger Starker, heiliger Unsterblicher, der um unseretwillen ge-

والروح القدس لانه الله الاب القوى الابن والذى لا يموت الروح القدس[1] ۞

واذ قد اوضحنا فساد راي اليعاقبة فنوضح ايضاً فساد راى النسطور مع راي الموارنة في قولهم مشيئة واحدة الهية وفعل واحد الهي . وان كانوا[2] الموارنة قد اصابوا بقولهم قنوماً واحداً[3] وطبيعتين فنقول اما الفعل الواحد الذي يعتقدونه في السيد المسيح ويزعموا[4] انه الهي فقد اوضحنا ما نفسد رأيهم فيه في احتجاج الملكية بما يدل على فعلين ما[5] فيه كفؤ لردع النسطور[6] واليعاقبة والموارنة . واما المشيئة التى[7] قد[8] اتفق عليها الموارنة والنسطور واليعاقبة وخالفوا الملكية وزعموا ان في[9] السيد المسيح مشيئة واحدة الهية فنجيب عن[10] ذلك قائلين ان السيد المسيح يقول وقت الالم ابتاه ان امكن ان[11] تجوز عني هذا الكاس لكن لا كمشيئتي بل كمشيئتك وهذا فيدل[12] على مشيئتين لان اللاهوت لا يجوز ان يقال لها مشيئتين[14] وهذا رد على النسطور[15] ايضاً بقولهم مشيئة واحدة الهية وعلى اليعاقبة ايضاً ان السيد المسيح ذو طبيعة واحدة الهية ومشيئة واحدة الهية لان بقوله[16] لا كمشيئتى بل[17] كمشيئتك دل على مشيئتين لطبيعتين ۞

---

[1] In B fehlt die Stelle von لانه bis القدس — [2] B كان — [3] A قنوم واحد — [4] B يزعمون — [5] B مما — [6] B نسطور — [7] A الذى — [8] B om. قد — [9] B om. في — [10] B علي — [11] B om. ان — [12] B يدل — [13] B om. لان اللا هوت bis مشيئتين — [14] B نسطور — [15] B لانه يقول — [16] B om. كمشيئتي بل

kreuzigt wurde », so machen sie den Gekreuzigten zum Vater und Sohn und Heiligen Geist, weil « Gott », der Vater, der « Starke » der Sohn, der « Unsterbliche » der Heilige Geist ist.

Nachdem wir die Verderbtheit der Lehrmeinung der Jakobiten dargetan haben, tun wir wieder die Verderbtheit der Lehrmeinung der Nestorianer samt der Lehrmeinung der Maroniten dar, mit Bezug auf ihren Ausdruck: « *Ein* göttlicher Wille und *eine* göttliche Energie ». Obgleich nämlich die Maroniten ganz richtig sagen: « *Eine* Person und zwei Naturen », so sagen wir: Was die *eine* Energie betrifft, zu welcher sie sich in Christus, dem Herrn, bekennen, indem sie meinen, dass es eine göttliche sei, so haben wir in der Argumentation der Melchiten durch das, was bei der gleichmässig auf Nestorianer, Jakobiten und Maroniten gehenden Widerlegung auf zwei Energien hinweist, dargetan, für wie verderbt wir ihre Lehrmeinung halten müssen. Was aber den Willen betrifft, bezüglich dessen, unter Widerspruch der Melchiten, die Maroniten, Nestorianer und Jakobiten übereinstimmen, indem sie meinen, dass Christus, der Herr, nur *einen* göttlichen Willen besitze, so antworten wir hierauf, indem wir sagen, dass Christus, der Herr, zur Zeit der Passion sagt: « O Vater, wenn es möglich ist, möge dieser Kelch an mir vorübergehen, aber nicht nach meinem Willen, sondern nach deinem Willen ». Dies weist nämlich auf zwei Willen hin (einen göttlichen Willen und einen menschlich-fleischlichen), weil die Gottheit nicht zulässt, bei ihr von zwei Willen zu reden. Und es ist dies auch wieder eine Widerlegung der Nestorianer inbezug auf ihren Ausdruck: « *Ein* göttlicher Wille », und auch wieder eine solche der Jakobiten (inbezug auf ihre Lehre), dass Christus, der Herr, nur *eine* göttliche Natur und *einen* göttlichen Willen besitze, weil er durch seinen Ausdruck: « Nicht nach meinem Willen, sondern nach deinem Willen » auf zwei Willen für zwei Naturen hingewiesen hat.

واذ قد اتينا على قصد[1] بيانه بتأييد الله وعونه المؤتي من العود اليابس ثمرا ومن الصخرة الصماء ماء نسأل[2] الله الاب والابن والروح القدس ان يكف تظالم الكنيسة المقدسة وينظم افتراقها ويجمع لشملها ويزيل الشك والانشقاق[3] منها . ويثبت[4] المحبة الروحانية بين اولادها . فان[5] به يليق المجد والاكرام والسبح والوقار من الان والى دهر الداهرين[6] امين والتسبيح للثالوث المقدس ابداً . امين[7] ۞

[1] B ماقصدن — [2] A نسل — [3] A om. الشك و — [4] B ويثر — [5] B لان — [6] B والسجود الان وكل اوان — [7] B om. والتسبيح bis امين

Nachdem wir mit der Hilfe und Gnade Gottes, der aus dem vertrockneten Holz Frucht, und aus dem harten Felsen Wasser hervorbringt, mit dem Gegenstand zu Ende sind, dessen Erklärung wir uns vorgenommen hatten, beten wir zu Gott dem Vater, dem Sohne und dem Heiligen Geiste, dass er die Unbill, welche die heilige Kirche leidet, beseitige, die sektiererischen Gegensätze in ihr ausgleiche, was von ihr getrennt ist, vereinige, den Zweifel und das Schisma von ihr fern halte und die geistige Liebe zwischen ihren Kindern bestärke, weil ihm Verherrlichung, Ehre und Anbetung gebührt, jetzt und alle Zeit und in alle Aeonen. Amen.

Printed in the USA/Agawam, MA
February 8, 2010
539594.013